KB038504

‖ 시인의 마을 시인선 33 ‖

숨결, 그 자취를 찾아서

손수여 제5시집

세익스피어 동상 앞에서

- 내가 그의 손을 잡듯 100년 뒤

누가 내 손 잡아주기를 꿈꾸며.

도서출판 한글

시인의 말

우주 안의 존재
그냥 생겨난 게 어찌 있으랴
숨결, 그 자취를 더듬어 간다

나 같은 나를 그리고
시다운 시를 쓰고 싶다
한 편이라도 내 색깔의 시를

이 바람을 찾아
쉼 없이 다가서리라

아직은 너무나 먼
그 날을 만나기 위하여

무술년 국추절에
월촌재에서   손수여 쓰다.

목 차

1부

시와 숲길공원 인물시비(보령) / 아내

백목련 1

봉긋한 하얀 얼굴

덜 피어 더 예쁜 꽃

순박한 너

장미보다 더 곱다

꺾어 피운 꽃 마흔 해

여전히

지금도 반한 그 꽃

진달래꽃

연분홍빛 둥근 얼굴이
너무 곱다
비슬산 허리에 숨은
도성관기 좇아
기염을 토해 내는
한이 하도 많은 기녀들
중중모리 휘모리장단에
비파 소리 타고
넋으로 피었구나.
부끄러움 가득
수줍음을
몰래 감추지 못한
오십 년 전
그 젊은 날
내 누님의 낯빛이다.

백목련 2

본리 도서관 앞마당에
봄을 맞는 하얀 목련 한 그루

수많은 봉오리 가슴이
금방이라도 터질 듯 맺혀 있네요

무리 중에 앞 다투어
오로지 한 송이 활짝 웃고 있네요

아무런 걱정 없이
소탈한 꿈 다 이룬 듯이

하도 예뻐서
한 컷 베꼈네요

당신이었음 참 좋겠네요
저 함박웃음 꽃이.

백목련 3

부시도록 충만한 환희의 꽃

검은 밤 그리움이 목에 차
깊은 호흡으로 울컥이던

하얀 침묵으로 입을 닫고
서러운 속살 터트리고 있다

봄바람 손을 잡고
저렇게 환하게
함박웃음 웃고 있어도

누가 가까이 다가서면
잠시 돌아서는 척 하다가
안 볼 땐 펑펑 울었을 거야

오늘도 자식 생각
속 앓는 울 엄마 같은

시리도록 빛나는 환희의 너.

그리움

바라보면 정겹고 돌아서면 보고싶다
온종일 같이 있어 한없이 좋은 사람
신록처럼 싱그럽고 꽃보다 향기롭다
전생에 인연인가 이생의 업보인가
날마다
밤마다
물안개로 피어난다
별들이 그렁그렁
뜬 눈에 떨어뜨린 이슬 강 언덕 다 젖겠다.

사모곡 2 - 회 한접시에서

오늘은 엄니 기일이다
형제가 다 모이고
아들 며느리 손자가 왔네요
몇 집 건너 돌아가야 있는
단골 횟집 만덕이네 수족관에서
살집이 좋은 돔 한 마리 골랐더니
살을 얇게 저민 슬프고도 마음 여린 놈이
살과 내장 다 내어주고 피까지 쓸어주어
돗자리 쟁반 위 앙상한 뼈만 남았네요.

울 엄니 거기 앉아 계시네요

손에 물마를 날 없이
다섯 남자 종지기로 저렇게 사셨던
어릴 적 아배 천국에 가시고
새끼들 밥 굶기지 않으려
소 몰고 논밭 일 억척으로 일구시고
닥치는 대로 막노동 억센 아줌마,
구불진 허리 휘어잡은 옷자락을

슬멋 놓고 토해나는 아픔이여
자식들 가르치고 먹인 일
당신 몸 열심히 뜯어 멕이셨네요
살 한 점 없이 뼈만 앙상하게 남은
엄니 사랑 먹고 자랐네요
눈물 먹고 그렇게 살았네요.

눈물꽃

보내지 않았어도 가버린 너,
울컥울컥 토해내는 속살
꽃물이 질펀하다.
얼굴 가득 환히 웃고 있어도
눈물이 꽃이란 걸 몰랐고
향기도 있다는 걸 몰랐던 나,
꽃 진 그 자리 그리움 돋아
씨앗 야물게 영그는 걸 어쩌나
바싹 마른 눈물 꽃
한 다발 끌어안은
날아온 나비,
어머니 환생인가 봐.
꽃잎 대신
서러운 내가 네게로 간다.

가시연꽃

달빛을 잠재우는 호수,
궁남지에 젖은 별빛이
그리움 길러 노을빛 물든
백마강 수면 위 솟아오른
추억 묻은 달그림자
선화공주 화신이 되어
피어나는 가시연꽃
이리도 서동을 기다리다
눈시울 저리도 붉혔는가?
오늘은
호동왕자 내가 서동이다.

상사화 2

인고의 세월을
너는 저만치 가고
나는 여기 섰는데
날마다
해마다
비켜 가고
비켜 왔던
가슴 아린 사연을
맺어 이룬 저 꽃.

이제는 만나려나
목 빼 올려 외로이 서서
행여
꿈 이루려나
기다림 속에
피고 지고
지고 핀 저 세월
하루같이
또 천 년을.

천년의 숨결 - 반월성

솔바람 소리 흘러
달빛 젖은 반월성

죽로 향기 그윽한
십 리 길 꽃비는 내리고

돌종〔石鐘〕*이 깨어나서
천 년 향기 새롭다.

향일화

내 고향 소리못에 가면
그 집 울 밑에 선 저 키다리
오로지 해님을 향하여
일편단심인 듯
웃음 짓는 꽃, 해바라기

세월의 무게를 가누지 못해
조금씩 눌러 앉은
돌담장을 사이에 두고
또 무엇이 궁금하여
담 너머 집 기웃거릴까?

고개를 쑤욱 내밀고
청령이 내려앉은 저 자태
철모르는 꽃
가녀린 허리 훔쳐보다가
부끄러운 듯 기울어진 저 모습,

연신해 별빛 밤 밀어를 토해내곤

둥근 달처럼 환한
온 얼굴 가득
하얀 이 드러내고
방긋방긋 웃고 있는 너.

발원 - 큰 나무로

녹양방초 우거진 이 계절
청마의 복록이 넘실대는 갑오년
칠이오 늦은 여섯 시 십구 분
우람찬 함성은 큰 보람으로
그렇게 세상을 열었더이다.

널찍한 이마
범상치 않는 눈
오뚝 솟은 코
야물딱진 입
닮은 부처님 큰 귀

'윤재(允宰)'라 부르면
만인이 우러러 뵈는
필시
진실로 성실한 재상이어라.

지혜롭게
튼튼하게 자라서
큰 나무로 울창 숲을 이루리라.

수선화

청산도 돌담길을 노오란 마른풀 섶

마음껏 꽃대 올려 짙은 향 품어내고

하품은 봄을 불러서 춘곤증을 탓하네.

횃불 켠 미인화는 가녀린 몸매 타령

백옥의 잔대 위에 눈길 머문 황금빛 너,

상춘객

발걸음조차 휘어잡은 저 자태.

고모역에서

언젠가를 돌아보는 버릇처럼
잃어버린 무엇이 있다
분명 내 것이었으나
이제는 아닌 것이 달아나다
시간도 멈춘 녹슨 철길을
따라 와서 그냥 주저 앉아본다

바람은 설중매를 불러 저만큼 앞서오는데
강물은 잔잔한 봄바람 저어 돌아가는데
가버린 것은 오지 않는다
간이역에서 기다리는 것이
기차뿐이던가

기적 같은 오포 울림만 남겼던
전설 되어 버린 이 길을,
홀연히 그냥 말없이
취한 채 떠나가고 싶다
가슴에 출렁이는 그 추억이
더 아련해지기 전에.

시래기

집 뒤안 처마 밑을
스치는 갈바람에
암 동생 체중 줄 듯
말라가던
아린 침묵도 해탈하는,
노모(老母)표 토장국
군침 도는 시락국
긴긴밤 출출해진
뱃집이 등에 붙어
전설된 보릿고개
남루했던 넝두리가
세월을 가둔 헛간에
매달린 저 향수.

아스피린 같은

껍질 벗겨진 알몸으로
입에 넣어져 삼켜진 하루
기쁘게 내 안에서
흔적도 없이 녹아
잉크 물처럼 번지는
한 알 충전제
홀연 바람이 이는 날이면
깊은 터널 속 지나는
아스피린 같은 그런 사랑
쓰디 쓴 약이 된

맞장구 - 원총선 보살

'그대와 함께라면
지옥도 극락이 되오리다'

듣는 순간
금방 촉촉이
적시게 하는 임이시여!
그 말씀이 법어이고
이 세상에서
가장 아름다운 시입니다.

나목

겨
울
나
무
잎새가 잠잠하고
안으로 숨겨둔 그 무엇이
꿈으로 엮어가는 소리일 뿐,
이 산 저 산 산새 소리에
나뭇잎 율동 따라
삶의 틈 사이를 씻어 낸
저 나무
아무 것도 걸칠 게 없는,
꼬장꼬장한 저 나무
고로
청백리이다.
겨
울
나

무

초상화, 닮게 살라

산수(傘壽)를 넘어선 세월에도 꼿꼿이 정갈하
게 살아오셨네요. 깊이 물어 바른 생각을 실천
하신 이해호 화백님은 불가마 속 도자를 굽듯
여름날을, 그냥 있어도 흐르는 땀에 열정을 풀
어 친수작 내리신 초상화는 나와 거리가 먼 호
남(豪男) 이상형이네요 아내는 더욱 아니래요
그래도 난 좋아서 또 쑥스러워 슬쩍 쳐다보다
눈길 머물면 노익장 온유한 화신의 경륜이 묻
어나고요 초상화처럼 닮게 살라하시네요 치성
으로 비셨던 울 엄니 기도가 담겨 있는 큰 어
른 큰 뜻 부처 같은.

가을

고까옷
입었다 가는
철이

나부끼다 갈
이파리
파문을 일며

딩
굴
다
　떨
　　어
　　　져
　　　서
　포올
폴.

검정고무신

예담길 죽사립문 옆 자생한 흰 민들레 머리털
따라 흘러간 세월 거꾸로 영상 돌려본다 친구
가 예쁜 가방 둘러 맬 때 난 책보자기 들고 다
녔다. 보리쌀 한 말 이고 읍내 장에 가면 우리
엄니 사다주신 고무신, 짝꿍이 운동화를 신을
때 나는 그걸 신었다 그 깜장 고무신. 아배와
엄니는 하양 고무신. 내 신발은 말표 태화표를
번갈아 신었던, 어느 게 질긴 지 신발 사 오신
날은 벽에 발린 열 두 달 한 장짜리 달력에다
표시를 하고 따져보려던 그 기억이 새록새록
돋아나고요 공을 차면 벗겨져서 신발이 멀리
나간 추억도 있어요. 어느 날 본 페이스북 발
등 모서리 따라 터진 자국을 실로 촘촘히 꿰맨
울 엄니 손길 닮은 꼭 같은 그 검정 고무신에,
빗질 곱게 비녀 꽂으신 모습 아련하고 추억이
묻어나네요 당신이 아끼시다 못다 쓴 동동구루
무와 동백기름도.

강설

어두침침한 세상으로 몰고 가듯이 펑펑 쏟아져 눈 오는 젊은 날 객기와 오기가 발동하면 이 골목 저 골목 진골목 주당을 만나 '잔도 따라도 비워도 채워도' 사 섬을 섬 술로 몇 순배해서 사선을 휘청대며 혈기와 의리로 넘어 왔다. 기개 높은 선비의 풍채로 노해송 위에 내리는 눈, 천 실 만 올로 끊어질 듯 이어지는 중모리 중중모리 휘몰이의 북장단에 마구 퍼붓는 함박눈, 그냥 온 몸으로 받고 싶다. 저 강에 외로운 배 띄우고 물지 않는 찌 바라보는 태공처럼 구불구불 솔숲에 내리는 저 눈을 하염없이 바라보다가 북풍에 언 몸을 허름한 주막에 들어가 탁배기 한 잔에 얼큰한 해장 뚝배기 한 그릇으로 달래고 싶다. 태양이 내 그림자만 남기고 가버린 쓸쓸한 저녁 길을 터벅터벅 먼 길 걸어온 날 찾아 나서듯 눈 오는 날이면 고삐 풀린 내 역마살, 앞서 달려 이글거리는 장작불, 어혈 든 가슴에 재우고 남도 어드메쯤 귀양살이 핍박 받던 선비의 북풍한설 뒤집어 쓴 솔 한 그루, 차가운 정수리에 박힌다. 추억의

쇠죽솥 장작불에 모락모락 김 오르는 소여물
위에 풋콩사리 익는 냄새, 생각만 해도 반가운
손님맞이에 누추하던 마음 방이 다 환하다.

2부

시와 숲길 공원(보령) / 억새 한 무더기

양초

어두운 곳을 밝히는

한 몸 기꺼이 살라

그늘진 세상을 환하게

온몸으로 뽑아 올린

눈물의 찬연한 불꽃

남을 위해 바치고도

자취조차 남기지 않는

성스러운 저 해탈.

내 마음의 숲을 찾아 - 반룡사에 가면

내 마음의 숲을 찾아
반룡사에 가면
뒤뜰엔 죽공들이 마곡처럼
빽빽이 무리지어 둘러서서
스님의 죽비소리에 맞춰
독경을 하며
속을 비우고서 내공을 쌓는다
쓰러질 듯 쓰러질 듯
온 몸으로 대웅전을 향해
일제히 읍을 한다.
풍진을 감내한
세월의 매듭을 짓고 있다
오로지 하늘을 향한 왕대
그 기품은 국보급 선비이다
거친 바람이 이는 날에는
저들도 마음이 심란한 듯
더 큰 소리로 독경을 한다
'도르르륵 쏴 귀의~부울'

'도르르륵 쏴 수수리 사바하'
쓰러질 듯 몸을 낮춰
일 배 일 배 지극 정성이다.
그래서일까
죽공의 불심이 사철 푸르다
변함없는 마음
언제나 청청하다.

일출 – 낙산사에서

해맞이가 제일 좋은 곳
낙산사 홍연암,

태양이 솟구치고
모은 손 안에 양기가 돈다.

검푸른 파도 타고
봄이 바다를 건너온다.

범종타종 - 국형사에서

국형사에 들어서니
해는 서산으로 넘어 가고
땅거미 찾아올 적에
스님은 타종을 하는구나.
잡념도 번뇌도 쫓아
소망을 부른다
깊고 아린 사연을 모아
부처님께 빌었다
선망부모 왕생극락
아픈 형제 고통 해탈을.

언제나 태어 날 아들딸들
면면히 낳아 키울 세상 어미를
오만 소원 담아 빌어본다
그 안에 우리 손주까지도.
나 깨치는 가르침으로
때려라, 울어라
세상을 밝히는 저 소리로
나의 심장을 쳐라
울려라.

화엄 선경 1 - 마곡사

1.

마법의 노승설법 삼밭의 백빽마냥
곡곳서 모였구나 넘쳐나는 신도들
사바계 중생제도는 불국정토 저절로

2.

맑은 물 되구르고
태화산이 귀를 열면

노승의 법문 화엄
참선 죽비 소리
혼돈 광야 일깨우네

나그네
나그네도
마곡을 닮았더라.

3.

적광전 사시예불 또르륵 목탁소리
무량행 참선집주 환희심이 절로절로
비켜선 무진번뇌도 청정심을 발하네.

무량행 1

마곡사 적광보전
자비와 지혜도량
깨달으면 보물이요
보물 속에 사는 사람
맘 닦아 덕업 나눠
개금불사 권선하는,

시 한 줄 낭송에도
이슬 맺힌 눈망울
이심전심 염화미소
무언설법 수행정진
가없는 인연공덕
온 누리를 불국정토

선문 1 - 알 수 없어요

알 수 없어요

절에 가면 부처 앞에서
왜
절을 합니까?

성인께 하는 인사라면
한 두 번이면 되지
왜
자꾸만 합니까?
왜
여러 번 합니까?

참 알 수 없어요.

선문 2 – 깨달음

왜
절을 합니까?
부처님 앞에서.

두 손을 모도오고
고개를 수그리고
엎드립니까?

머리를 조아리고
어깨를 낮추오고
꿇어앉고
다시 엎드립니까?

한없이
자신을 낮추시렵니까?

선문 3 - 무량행 2

천 년의 미소 지켜온
태화산 마곡사엔
특별한 분이 반기신다
서에서 동으로 날 향해
가부좌하고 웃고 계신다
그 염화미소로 천 년을.
천 리길 멀다 않고
그냥
단숨에 달려 온 것은
이심전심, 그 분의 뜻입니까?
그 옛날
삼대처럼 빽빽히 밀려든
노승 설법, 그 원력입니까?
중생을 다 건지려는
당신의 신행입니까?
한 줄의 시에 촉촉이 젖은
영롱한 이슬 맺힌
그 눈망울
무언의 그 자태도.

연꽃 – 궁남지에서

삶의 진토에서 꿈 싹이
썩은 흙을 먹고 자랐지만
흙탕에서 청정수 뿜어내는 너,
황초롱, 홍초롱, 백등초롱이
천상의 향기를
토하는 맑은 연지이고요.

백마강 바람에 출렁이는
달그림자,
은하수 불러내어 반짝반짝
아름다운 세상 열어주고요
천지 밝히는 등불처럼
썩어가는 것에 소금같이.

부패한 나를 바라보는 나,
얼마나 비참하랴.
오욕에 찌든, 썩은 영혼을
연잎 초롱으로 밝히시네요
사바세계 불국정토

육바라밀 연꽃 한 송이!
햇살 같은 웃음으로
마음을 열어주던 너,
달빛 묻은 향기로
온몸을 감싸주네요
내일 난 세상에서
가장 기쁜 노래를 부르리라.

몽돌

온 종일
파도가 왔다간 자리
물결이 꺼져간 자리

바닷물에 씻은 살결

천 년을
갈고 닦은 불심인가
보길*의 저 공덕인가.

_____

* "십용십일구 보길(十用十一口 甫吉)"엔 앉는 곳이 천
   국이요, 명당이 따로 없네.

설중매 1

해마다
봄은 왔건만
세월은 비켜간 듯,
육백년도 넘은
늙은 매화 한 그루
곤손 잉손은 또 얼마나
윤회를 거듭했을까?
고난한 세월 머리에
태점들 고이 얹어
새 사슴뿔이 돋았네요.
원정매는 말한다
"나로 인해
네가 행복해진다면
난 더욱 행복하리라"고.

설중매 2

매향 홀로 아득한 곳
산청골 남사마을엔
600여 년을 지켜 온
늙은 매화 한 그루
구불지고 터지고
썩고 삭아 속이 빈
고난의 몸
찬 서리에 부대끼며
옹이가 생기듯
눈덩이 속에서도
햇빛 달빛 쏘아대는
온기 붙들어
새 사슴뿔이 돋았네요
묵정 관 용 틀린 머리에도
온 천지 백옥 속에
태점들 고이 얹어
잉고의 환희
진신사리로 빛나네요
설중매, 저 홍매화.

선다시화 펼쳐 놓고

지운선사 〈선다시화전〉 다시 와 보니
전시회엔 신도인 듯
보살은 허다하나
실천궁행은 없고
보시가 으뜸이나
열매와 다는 저거만 묵고
선다시화 펼쳐 보이나
쌓아놓은 시집은 사라고 하네.

(2012. 6. 11. 대덕전당 전시실)

상사화 1

불갑사 가는 길엔
천 년을 지켜온
수행자의 증언대
환상적인 다비식인가
불을 먹은 꽃들이
피를 쏟으며
사랑과 그리움에 취해
불바다를 이룬
선홍빛 저 꽃 초롱

열반에 드시기 전
꺼지지 않는 초롱불
세상을 밝히시고
억겁의
인연을 꿈꾸며
환생한 저 불제자의 영혼이
오늘도
목 빼 올려
부처님 설법을 엿듣고 있다.

지금도 그래도

큰스님 법문을 들었다

내 것을 꺼내어 남에게 나눠 주는 것,
이게 복이다
생명은 죽는다 사람은 반드시 죽는다

지금도
나는 살고 있다 언제 죽을지 모른다
죽을 때 아무 것도 가져가지 못한다

그래도
내가 지은 복은 가져간다.

그래도와 지금도는
늦깨달음이 준 삶의 행복섬이다.

화엄 선경

고즈넉한 산사 별들도 졸고 있는 삼경에
회치는 소리 배롱나무 가지에 걸려 팔을 휘젓는다
겨우살이 보낸 뒤 잇몸을 있는 대로 다 드러내고
눈망울 부풀리며 웃던 꽃잎들,
긴 기다림의 아픔 채 아물기도 전에 떨어져 내리는가.
죽비 소리에 화들짝 놀란 새들 하소연 뒤로 하고
허공 속 다 살라버리며 바라 춤추는 저 목어,
무량의 춤사위 노을 빛 토해내고
큰스님 염불로 허기진 배를 가득 채운다.
마음 다 비우지 못해 발길 무거운 봄 향기 따라
내 삶이 퇴색되어 버릴까봐 마음 가다듬는데
꽃 이파리 하나 가슴팍에다 홀연히 파문을 낸다.

3부

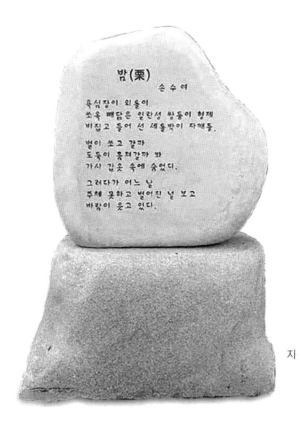

밤(栗)

손수여

욕심쟁이 외둥이
쏘옥 빼닮은 일란성 쌍둥이 형제
비집고 들어 선 세쌍둥이 자매들.

벌이 쏘고 갈까
도둑이 훔쳐갈까 봐
가시 갑옷 속에 숨었디.

그러다가 어느 날
주체 못하고 벌어진 널 보고
바람이 웃고 있다.

지

지석석공예 예술원 시비 / 밤

달빛 우정이여

달빛이 출렁인다
빛달 우정이여 영원하라
남해 금오산 솔처럼 청청하고
거북처럼 만세 무궁토록
천년 바위에 새겼다
달과 해처럼 세상을 밝히는
밤낮의 달빛이여
우정이여 영원하라.
산과 바다 비경의 비랑길
경계를 허물어버리는 자라섬
빛달 동맹이 금빛 물결로 일렁이고
여수 앞바다에서
빛고을로 달구벌로
달빛이 출렁인다.

고흥高興, 흥이 절로절로

흥이 절로절로
그냥 즐겁다

네가 오면 즐겁고
내가 보면 즐겁고
우리 만나서 즐겁고
그저 즐겁다
산과 바다와 사람이
물과 공기가
다 좋은 저 고흥

문둥병도 고치는
도무지
알 수 없는
신비의 땅 소록도
아기 사슴 눈망울 닮은
시인의 시가 하늘을
우러러 누워있는
별천지 유토피아인가

쏘았다
우주호를 달나라로
나로도, 나라도 대한이
뜬다
세계만방에
〈고흥문학〉이 거금대교
끝자락을 온 누리에 뻗치면
노벨이 다가오리라
그대가
밤하늘 큰 별이 되어.

흥이 절로절로
마냥 즐겁다.

수분 - 금오도 아침

동녘이 튼 금빛 자라 섬 방파제엔
한 톤 트럭을 개조한 캠핑카 옆에
부스스 눈을 뜬 중년 남자가 건져 올린
통발 속에는 자라 같은 살 오른 돌게,
뻘다구 두어 마리 밤새 작황 고작이건만
매운탕 아침을 준비하는 내자에게서
마음 내려놓은 행복이 묻어났다
세 주째 방랑이라며 자랑 섞인 듯한
말투에는 찌든 세월의 번뇌를 초탈한
비워서 분방한 자유가 내게로 다가온다
느릿느릿 살아가는 거북의 지혜가 금빛이다
덥수룩한 그 남자는 고행한 부처 같은,

한 잔 다향에 빠져

연두 빛 싱그러움이 아름다운 5월
'상화랑 영랑이랑 시도 읊고 차도 마시는'
태극기 길 아흔 계단 청라언덕에 오르면

한 잔 다향에 빠져 상화랑 영랑에 취해
모란이 피어도 여태 설렘이 없고
달빛 젖은 들길 걸어도 시 한 줄 망설여진다면

인향(人香)마저 우려낸 차를 예서 마셔 봐요
불타올라 슬픔이 찬란해지도록
달여진 가슴에서 꽃내가 나는 차를

그냥 돌아서면 간절할 테니
다향 천 리 시향 만 리 동무생각 절로절로.

     (2015. 5. 23. 상화문학제에서)

문학수도 깃발을
– 상화 선생 헌시 시화전에

나라를 살리고 민족혼을 일깨우는
그 불꽃이여 영원하라

시인이 외쳤던 그 시절, 그 땅
"빼앗긴 들에도 봄은 오는가?"

해적 떼가 서른다섯 해를 강점하더니
지금은
봄이 오고 여름 갈 겨울 온 평화로운 땅

"내 손에 호미를 쥐어 다오
살찐 젖가슴 같은 부드러운 이 흙을 발목이
시리도록 밟아도 보"던 그 밭 잡초도 뽑아내고

나라 최초 일흔 해를 지켜 온 글 텃밭
대쪽 선비 정신이 살아있는 '죽순(竹筍)'
수성 들판을 글밭으로 가꿔 가리라.

하여,
달구벌 언덕 위에
문학 수도 깃발을 높이 올리라.

금호강물 푸른 하늘 따라 철렁철렁
문향이 만방에 넘실넘실
달구벌에서 서라벌로 글로벌로

나라를 살리고 민족을 깨우는
그 불꽃 만세 무궁하리라.

칠불계곡의 밤

장마가 온다던 걱정 접어
잠포록한 날이 열리고
상서로운 별빛이 골 고을로
시를 찾아 내려오는 밤
칠불계곡 노루골 산장엔
일흔 문구가 화음을 같이 하네요
낭송과 가무가 어우러진 향연
하늘의 소리 같기도 하고
땅의 소리 같기도 한
만파식적 음색들
칠불계곡의 밤은 또 그렇게
달빛마저 출렁이고 있었다.

상아탑 풍속도

청보리 짙은
청춘이
육법전서 법구경을
독송하는데

문천지에서
오리들이
물갈퀴로 곤두박질
수상 고공 무용을 하면

진량벌 도서관 앞
청솔가지엔
까치도
까치설날 동시를 읊고 있다.

메밀꽃밭

햇살 부신 눈 비탈 밭 언저리
문천지 은빛 물결이 다가와
그리움 뽀얗게 피었습니다
백일홍 붉은 혼이
가을을 물들이는데
진량벌
낮잠에 취해
꿈이 한창입니다
청춘도 설렘이 가득합니다.

봉평 메밀꽃밭 천 리길
에서 피었습니다.
물레방아
옹알대는 소리에
보름달이 기웃대다
문천에 빠졌나 봐요
물빛 같은 사랑이
여울처럼 울던 밤
소금밭에

별이 내려와
메밀꽃을 보듬었습니다.

자판을 두드리는

바람에 묻어 왔느냐
구름에 싸여 왔더냐
네 손을 잡은 게
정녕
꿈은 아니었는데
한 달도 안 되었는데
십 년이 간 듯 희미해지는
치매 같은 기억이 싫어
홀연히 피어오르는 그리움,
지금도
신록의 싱그러움이 풋풋한
사십 년 전 그 오월인데
웃음을 뭉개지 못해
자판을 이렇게
두드리고 있는 나

케이 예찬

지방 일간지 문화면이 출렁인다
청각장애 김교생 화백

'문천지의 아침' 〈아름다운 풍경전〉
30년 침묵을 그림으로 말하는 그대,
벙어리의 냉가슴이
뙤약볕 열정으로
말없는 고요가
문천지 너울 타고
진량벌을 울렁인다.
대구대인 가슴마다 일렁인다.

그대는
정녕 우리 스승이요
삶의 거울이다.

사진도 시다

- 2014 비엔날레 사진전

보이는 세계를
보이지 않는 곳까지

과거와
현재,
미래가 공존하는

삶,
생과
사를 초월하는

현실과
이상이 공존하는
비유와 상징의 시각언어

해서
사진도 시이다.

섬타령

경상도 애주가는
절친 끼리 앉으면
'야. 이, 짜석아야'
그러고는 하는 말
온통 섬타령이다

'잔 도'
'따라 도'
'비워 도'
'채워 도'

인수문 빗장 풀고 들어서니

남평문씨 본리세거지에 갔더니 삼층 석탑이 세
월의 무게를 가누지 못해 일그러진 모습으로
외롭게 서 있는 뜰, 팔백 년 전 삼우당 선생께
서 피어난 면화송이처럼 환한 미소로 거기서
반기시더이다. 인수문 빗장 풀고 들어서니 시
공을 넘어선 큰 선비 다 계시더이다. 세종성황
남명퇴계율곡탁영서애선생 꼿꼿이 앉으시고
멀리서도 오셨네요 한유증공유종원소삼부자두
태백도 오셨더이다. 예서 아니면 어딜가 톺아
도 어이 찾으리 어찌 뵈오리. 빗장 속 세월을
가둔 '인수문고' 나랏일을 뼈대 있는 한 집안이
하더이다.

통영을 읽다

풍광이 아름다워 동양의 나폴리라는 통영엘 가
니 동쪽 남망산 공원은 바다를 바라보고 꼿꼿
이 선 청마의 깃발이 펄럭이는 아래 연분홍 빛
봉선화 물든 손톱에 오누이의 사랑이 그리움으
로 돋아나는 초정비가 있고 남쪽엔 꽃 시인 유
품이 초라한 전시관에 갇혔어도 생명의 달에
되살아나서 길섶에 내민 한 떨기 꽃으로 오래
도록 이름값하며 피었다 서에는 세병관 해적
떼 왜장을 몰아낸 서슬이 퍼런 기백의 장검이
6백년을 지켜온 국보로 번득인다 북녘하늘엔
토지 일군 일꾼이 밤하늘 밝히고 문단 밭 기름
지게 가꿔놓으시고도 '버리고 갈 것만 남아서
참 홀가분하다' 하시더라.

청라언덕 미도에서

푸른 담쟁이넝쿨 짙은 언덕배기엔
흰 나리 꽃향내가 되살아나서
온 년 전
동무생각 그리움이 백합화로 피어나고
파란 눈 맑은 영혼 열 넷 돌비로 선
자유 대한 독립 만세 그 날의 함성이
천지를 금호강물로 출렁이더이다.

구석구석 숨겨진 전설 같은 명성을 가진 약령
시와 구불링 골목을 따라 돌면 수수께기 인생
길 갈증도 풀고 쉬어 갈 미도다방은 이립(而
立) 연후에야 갈 수 있고 교수도 박사도 시인
도 샐러리도 사장도 꼭 거쳐야 하는 곳, 대학
교양과정 같은 현실적으로도 진골목 필수코스
이다 해서 교양대학이란다. 쌍화차 약차 선택
에 딸려나오는 오십 년 전 추억 묻은 샌삐이에
다가 정 학장, 그의 한복 차림과 명징한 설법
묵언에 빠져들면 다 안다 본래 갈대구우였으나
이유 있는 억새 둘 끼인 청강생들, 왜 시인이
돼야 하는지, 시인은 왜 낮추고 우주 앞에 겸

손해야 하는가를, 낯익은 사물을 한동안 낯설
게 어렴풋이 그래도 신선하게 경험해 보기 위
하여 "게으름은 쇠붙이의 녹과 같아서 노동보
다도 더 심신을 소모 시킨다"고 한 그 이치를
이제 겨우 깨달아간다 나는,

그가 함께 했을 '희. 노. 애. 락.' 반세기
한결같은 매무새 세월은 비켜가고
새 봄마다 다시 피어난 백합꽃 같은

금호*가 본 그 꽃을 나는 보았네.

_____

* 금호는 박태준(1900.11.22.~1986.10.20.)의 호
   에서 따옴.

대전엘 가니

광역시도 교류전 대전엘 갔다. 선비 권 회장은 "벗이 멀리서 찾아 왔으니 어찌 즐겁지 아니 하리오"* 반겨 허기진 배를 채워주고 백수로 텅 빈 머리를 심포지엄 한 사발로 거나하게 재 충전시켜주더니 이튿날엔 뿌리공원과 효문화 진흥원엘 데려갔다. 효지도사는 먼 옛날 아주 오래 전 삼국시대부터 일러준다. '홍익인간 경천애인'이 효의 알갱이, 정려문, 효열문을 들어 서면 시공을 초월한다. '석종'이 되살아나고 '동국신속삼강행실도, 오륜행실도'와 삼우당 시묘살이에, 예천 도시목 효행까지 또 편지로 읽는 '하피첩'을 들고 계신 다산도 뵙는다. 여기에 푸른 눈 효자들, 어머니를 위하여 10키로를 단 숨에 달려가 구해낸 자동차 왕 헨리포드와 링컨, 안데르센과 나폴레옹도 만난다. 그러다 가 모퉁이 돌아서면 물고기 효 이야기는 또 어떤가, 알을 낳은 후 실명하여 먹이를 찾을 수 없는 어미 입으로 들어가 어미를 살리기에 가물치를 효자물고기라 하고 가시고기 부성애, 연어의 모성애를 들으면 존속살해와 비정한 아

비 어미의 천륜을 저버린 날로 넘쳐나는 세상,
어찌해야 하나? 살맛나는 세상을 열어가는 한
밭에는 인문학을 뿌리고 한국학을 꽃 피우는
농부가 모두 선비이더이다.

*有朋 自遠方來不亦樂乎

4부

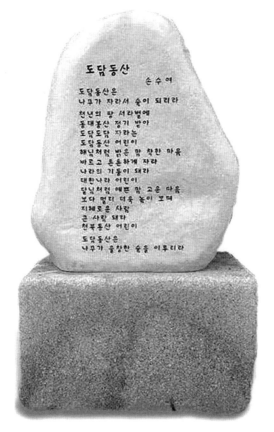

지석석공예 예술원 시비/ 도담동산

탄금대

천 년 사직을 지켜온
탄금대 중앙탑
왜장 고니시유키나가를
굴복시킨 신립장군 기개가
기념비로 우뚝 선 자리
사위가 고요하다
400년이 지난 오늘,
육신의 넋마저도
세월을 잊은 채
승전고를 울린 이 강산에
솔바람 타고
그 충절은 만고에 상청하다.

엑스포 여수 – 한류가 출렁출렁

여수가 물결로 빛난다
아름다운 물의 도시

오동도 앞바다가 춤을 춘다
동백나무는 너불너불
꽃물결이 넘실넘실

갓 향이 코끝을 찌르고
격전의 울돌목 지킨 진남관!
사백년 후 오늘,
장군대교가 세계를 끌안는다.

시위 당긴 활 안의 장군대교
인파가 넘실넘실
오동섬이 출렁출렁
돌산도가 울렁울렁

꽃보다 아름다운 사람물결 출렁출렁
부서진 파고 따라 흰검노랑 넘실넘실

탄성이 처얼철철
눈물이 울렁울렁
시가 출렁출렁
춤이 너울너울

여수가 물결로 빛난다
아름다운 물의 향연.

백하구려

말간 비단 사이로 밝은 달이 비치듯
삼남사 대길지 내앞(川前) 고을
뼈아픈 일제 강점기
어제 일은 잊은 듯
별빛 같이 반짝이는 강마을
광복지사 성지 백하구려(白下舊廬)
협동학교 열어 민족정기 일깨운
강동 천 삼백 리
민족의 생명수로
선각자의 우국충절이
일백 년 후
오늘,
선비 심장마다 뜨거운 피로 꿈틀거리고
일천 년 후
일만 년 후에도 흘러흘러
동해 푸른 물결
대한나라 영원토록
광복 만세 그 뜻이

삼천리 금수강산
겨레의 가슴마다 메아리쳐 일렁이네
만세 무궁토록.

촉석루 난간에 걸터앉아

남강가 바위 벼랑 끝에 우뚝 선
진주성 남장대 장원루
거열성지 일곱 번 다시 고쳐
진주대첩 승전고를 울린 땅
해적 떼 복수전에 칠 만 양민 순절한 곳
속내를 드러내지 않는 강
피 흘려 지켜 온 산하
그대는 아는가, 암울한 역사의 그림자
산 강 바람 소리도 품에 안은 진주산성
촉석루 난간에 걸터앉아 의기사 바라보면
420년 전 혈루가 오늘인 듯
강물 따라 출렁이는 금빛 햇살에도
붉은 그 숨결과 깃발의 외침은
백옥 같은 여인이 차마 크게 흐느끼지 못한 채
그 날처럼 도도히 남강울음 장렬하다.

솔처럼 청청하다

맑은 바람 밝은 달이
손짓하는 고을 제천엔
나라 안 으뜸 선비가
문전성시를 이룬 오늘 여기,

왜적 떼에 맞서
분연히 일어나신 의병장의 임이시여
일 온 스무 돌
그 충혼은 즈믄 해 의림지 너울로 일렁이고

조국을 다시 찾은 일흔 해
청풍호는 말 없으되
그 날의 뜻은
도열한 병사처럼 꼿꼿하고 둘러 선 솔처럼
청청하다.

개울물 소리에도

남부군 빨치산 총사령관
이현상 최후의 격전지엔
동족상잔 한 서린 골짜기
지금은 평화로운 땅
풀 이끼 돋은 검은 바위는
어제 일은 잊은 듯
해맑은 미소 같은 햇살에도
잎 새에 반짝이는 별빛에도
조국애 스며든 충정심이 묻어나네.
졸~졸~졸 개울물 소리에도
귀 대고 자세히 들으면
탕~탕~탕
우르르쾅,
울컹덜컹 우르르쾅
한 줄기 쏟아지는
소낙비에 대포소리 번쩍이며
그 날의 총성 골을 타고 번져오네
조국을 향한 메시지 귓전에 울려오네.
"가슴엔 철의 각오 마음속엔 끓는 피!"

바람

비를 몰고 와서 햇빛 불러내어 모든 생명이 자
라고 꽃 피우게 하소서
릴케의 가을날이 되게 하소서 달빛 별빛 쏘아
내어 베토벤도 바이런도
도테도 괴테도 태백도 동주도 오게 하소서.

"천 개의 해가 지고 천 개의 달이 떠도 한 발
자국도 더 나가지 못해
고개를 꺾고 마는, 덫에 걸린 외톨이 암늑대"
가 되지도 말게

'뉘 집 개가 짖나?' 하지 말고 '개 같은 소리'로
듣지도 말게
포르투나(Fortuna)도 티케(Tyche)도 모셔
와서 황금개의 해
우리 함께 사는 세상 '개복 터졌네.' 그런 한
해 되게 하소서.

2.28 그 날을 다시 외치노라

그 날의
외침을 너는 아느냐?
그 날의 함성을 너는 들었느냐?

일천구백육십 년 이월 그믐날
용광로 속 펄펄 끓는 쇳물같이
의분에 찬 젊은 피 용솟음침을.

쓰나미
몰고 오는 성난 파도처럼
지구촌을 뒤흔드는 포효하는 호랑이

망국의
한(恨), 통째로 삼키려다 딱 걸린
다부동 격전지 조국을 지킨 땅.

이 뿐이더냐
나라의 빚더미 짊어진 시민 봉기
국채보상운동 달구벌의 정신인 것을.

그 날을 기억하자, 자유 민주 지킨
의연한 기개가 돌비로 우뚝 선
청년 학도 올곧은 선비 기상을.

오, 대한민국이여!
다시 외치노라, 부패 독재 없는
민주 자유의 나라로 만세 무궁하라고.

한글 온 누리에

말글은 사람만이 누리는 특권이다.
나라님이 만든 창의적인 우리 글자
치욕의 강점기를 목숨처럼 지켜온
한글, 외솔의 그 정신이
문화 강국 자유 대한에
푸른 솔로 청청하고
그 얼이 파고를 넘어
대양 대주 온 지구촌에
한류를 타고 한글로 출렁인다.

독도, 똑바로 올려라

해적 떼 원수 같은 놈들, 제 집 가까이라서 제
자식인가?
양자도 서자 취급도 아니 하면서.
너희 만행에 하늘이 분노하고 바다 밑이 들끓
고 온타케산도 성을 낸다.

말도 안 되는 대 한 포기 없는 땅을 다께시마
(竹島)라고 우겨
번드르르 하는 말장난에 얼마나 속이 타들어갔
나 저리도 새까맣게
온갖 시름 다 겪고서 외롭지만 의연한 형제 이
란성 쌍둥이로.

천만년 불사조 영원한 대한의 막내. 억만년 지
켜가리 자유대한 코리아
세계인 족보에 똑바로 올려라 겨레여 이제라도
억겁을 이어가리 동해를 한국해 '시오브코리아
(Sea of Korea)'라고.

으뜸 한글

한글은 보기나 읽기도 좋고 쓰기에 편한 글자
이다.

사람의 발성기관을 본떠 만든 닿소리와 하늘
땅 사람과 자연 음양의 이치가 담긴 홀소리의
조화가 무궁하다. 보태고 기대고 받치고 세워
가며 지은 바탕이 으뜸이니

ㄱㄴㄷㄹㅁㅂㅍ…
가갸거겨고교구규그기……
하햐허혀호효후휴흐히
　마침표(.)는 문장을 끝낼 때 찍는 표시, 부호
이다. 사람의 무덤이 그렇다. 삶을 마친 표시
이다. 또 차례를 나타내는 숫자나 문자 기호
다음에 찍고 연월일과 말 줄임을 표시하는 약
속이란 것도 알게 된다.

여섯 살 손자가 거실 벽에 붙여놓은 한글 자판을 보고 제 이름을 쓰고 때로 신문엔 "배움을 놓쳤던 여든 살 할머니도 배워 시를 짓다"하니 이 세상에 가장 쉽고 실용적인 으뜸 글자가 어찌 아니겠는가!

문자는 문화의 측도이고 문화 강국 한글이 만든다.

해석, f(x) = 통일

f(x) = 통일

$\frac{1}{2} + \frac{1}{2} = 1$

통일의 방정식은 쉽게 풀리지 않는다. 오래도록 검은 난이도였다. 지구상에 하나 뿐인 나라, 함수 f(x)는 한국인이 풀어야 할 과제요 통일이다. 반쪽인 남과 북이 합쳐지면 하나의 국가, 큰 나라 대한민국은 어드메쯤 오고 있는가? 가장 아프게 죽는 함수들은 답을 찾지 못한 문제로 가라앉는 밤이다. 시인이 그렇게 간 북간도 하늘은 별 하나 뜨지 않아 칠흑, 너와 내가 해결해 가야 할 시간이 선으로 소리 없이 갈라져 주어진 절대 값에 눈이 멀어 부서진 채 길섶엔 나라는 해가 무너져 내린다. 잘게 좌변으로 너를 남기며 불온한 나의 값이 통일의 조건을 요구했다. 네가 유독 보고 싶은 밤이었다. 수직선상 좌표에서 이 그래프를 부수고 널 언제쯤 다시 만날 수 있을까.

일상 속에서 건져 올린 별난 사유, 존재가치 부여와 의미 확장

1. 우리말의 매력에 빠져 문학의 주변을 맴돌며

시집 『숨결, 그 자취를 찾아서』는 가고자 하는 미래의 자화상을 찾아나서는 과정이다. '나는 누구인가'라는 물음 앞에 다가서기 위하여 나 자신의 주변을 둘러보는 방식으로 접근해 본다. 이러한 접근의 기저에는 문학에 대한 시각을 정리해 보고 자신을 중심으로 그 영역을 확장해 나가는 것이 궁극적으로 나아갈 방향과 목적에 부합하리라고 생각한다. 문학과 역사, 철학이 근본적으로 인문학의 바탕이기 때문이다. 후술하게 될 작품 소재의 현장이 역사와 철학을 배경으로 그 색채가 짙은 곳이다. 말하자면 선조들의 발자취를 찾는 것은 시공을 초월하여 그 숨결을 느끼기 위함이요, 사찰은 인간 능력의 한계를 종교, 즉 내세의 영적 세계에까지 귀의하려는 불교의 세계가 철학에 무관하지 않아서이다. 이 점에서 시인은 몇 사찰을

순례하고 조국 광복 운동의 성지와 의병 열사들의 활동 무대를 톺아보고 가족을, 어버이와 아내, 형제에 대한 천륜과 조상의 어짊을 기리는 마음을 담아내고자 한다. 아득히 멀어 비록 미치지 못하더라도 수신제가의 지혜를 닮기 위해서이다.

나는 유년시절 양동 마을을 이웃한 집성촌 소리못(성지)에서 동네 청, 장년에게 천자문과 동몽선습, 논어 등 한문을 가르치셨던 조부와 선친 아래서 자랐다. 어릴 적부터 어깨 너머로 보고 듣고 느낀 것은 곧 배움과 가르침에 대한 신성함을 자연스럽게 터득하게 되어 훗날 이런 일을 하는데 바탕이 된 것 같다. 그런 까닭으로 쉬울 것 같은 단순한 생각에 국문학을 하게 되고 우리말의 매력에 빠져 대학에서 〈국어어휘론〉, 〈국어문법론〉, 〈국어학사〉, 〈국어의미론〉 등을 가르치며 공부했다. 그 밖의 〈언어와 문학〉, 〈대학생의 글쓰기〉, 〈의사표현의 이론과 실제〉, 〈문학기행〉 등 강의 명분으로 문학의 가장자리를 서성대면서 때로는 내가 쓴 글-수필 한 편, 시 한 수라도 직접 써서 글의 내면과 형태, 느낌을 그들과 공유하는 것이 훨씬 생산적, 효율적이겠다는 생각을 해왔다. 하여 박사학위논문을 제출(1997년)한 후 그간 써 왔던 산문을 중심으로 그 이듬해 「나누고 싶은 생각(문창사)」을 펴내고 〈문학공간 2001〉과 〈해동문학2003〉에 시와 수필을 발표하고 시 전문지 〈한국시학〉과 〈시세계〉를 통하여 본격적으로 시에 입문하게 되었다. 시집으로는 「반추」 「마음이 머무는 숲 그 향기」 등 다섯 권이 있고 현재 한국문협 모국어가꾸기위원, 국제P.E.N. 한국본부 이사, 대구P.E.N. 수석부회장, 한국현대시협, 죽순문학회, 한국시학 등 이사로 활동하고 있다.

2. 문학에 관한 이런 저런 생각

이 세상에 어떤 생명체도 홀로 살아갈 수 없다. 그것이 동물이든 식물이든 또 고등 동물이든 하등 동물이든 마찬가지이다. 공존해야 한다. 사람과 사람 사이도 그렇고 사람과 자연도 그렇다. 사람을 다른 말로 '인간'이라는 말이 이를 뒷받침해 준다. 한자의 '사람 인(人)'이 서로 받쳐주고 기대어 선 모습이다. '간(間)'은 '사이' 곧 '틈'이다. 이 말은 둘 이상의 사이와 그 관계를 묵시적으로 인정하는 것이 된다. 삶은 관계에서 비롯된다는 말이다. 그래서 만물의 영장인 사람이 사는 사회에서는 부모와 자식 간의 관계, 형제 관계 등 혈통을 중심으로 거리의 원근을 수치로 나타낸 것이 촌수이다. 여기서 비롯된 어휘 중에는 부름말(호칭어)과 가르킴말(지칭어)이 생겨나기도 했다.

사람이 사람다운 것은 이 관계를 분명이 하고 다른 동물과 변별력을 갖는 것은 교육에 의해서이다. 문자를 발명하고 이 문자를 활용한 교육을 통해 앞선 세대에서 다음 세대로 전수가 가능한 것이다. 여기서 사람과 자연의 중심에 바탕을 둔 것이 '인문학'이다. 인문학의 바탕은 문학, 사학, 철학에 두며 한 마디로 '문사철'이다. 인문학이 모든 학문의 근본이요, 기초가 되는 까닭이 여기에 있다. 나무를 지탱하는 뿌리요, 줄기인 셈이다.

문학이 사람이다. 그렇다면 어떤 사람이기를 바라는가? 사람은 서로 닮은 많은 공통점을 가지기도 하지만 서로 다른 차이점을 가진다. 그래서 백인백색이란 말이 나온 것도 그 만큼 서로 다른 점을 인정하기 때문이다. 바로 이 다른 점, 그 사람만이 지닌 독특한 면을 우리는 '개성'이라 한다. 우리가 바라는 것은 문학에서만은 개성이 뚜렷해야 한다. 이 다른 그 사람만이 지닌 개성을 문학에 어떻게 반영하고 표현하느냐가 관건이다. 그래서 우리는 문학을 삶의 투영이요, 소산물이라고 한다.

학문의 분야에서도 친소 관계에서 이루어진 것에 '인접학문'이란 용어를 쓰고 이 인접학문 간의 교류에는 '통섭'이란 낱말로 그 영역을 확장해 나가기도 한다. 시인은 이 세상에 발설하지 않았던 문장을, 보이지 않았던 풍경을 말하려 시를 쓴다. 현실이 현실이 아닌, 오히려 꿈같은 현실이 현실에 펼쳐지고 있는 현실 내부의 깊숙한 의미들을 찾아보려 한다. 그 끝이 어떤 형식으로 나타날지는 나조차도 모른다. 작가의 의도에 따라 공간과 사물들은 다양한 미디어를 통해 얼마든지 변형되고 조합되어 시공간의 확장을 통해 보이지 않는, 숨겨진 진실을 말할 수 있기 때문이다. 이처럼 나를 중심으로 가족과 이웃, 나아가 시공간의 환경이 모두 관계를 이룬 텃밭이다. 가깝게는 부모와 자식과 형제 관계, 부부, 교우 등 관계 속에서 살아간다. 확장하면 우주 속의 나이고 내가 우주 속에 공존한다는 의미이다. "시가 나의 생활에서 밥도 죽도 되지 않는 냉수보다도 도움이 못되지만 정서면에서는 시는 버릴 수 없는 제2의 생명"이라던 어느 시인의 말을 떠올린다. 시가 생존

의 필수품은 아닐지 모르지만 생활을 윤택하게
할 수 있는 조미료와 같은 역할을 할 수 있다
는 데 동의한다. 나의 삶에 시라는 조미료가
없었다면 맛없는 세월을 살아갈 것 같다. 반만
년의 유구한 역사의 나라, 내가 태어나고 밟는
흙과 발에 차이는 돌부리도 경전이다. 굳이 찾
지 않아도 도처가 국보요 보물인 나라에 살고
있다. 그럼에도 선정적으로 충절의 고장을 찾
아 의(義)와 효(孝), 선조님들의 숨결에서 올
곧은 선비정신을 배우고 사찰 순례를 하면서
범종과 풍경이 주는 비움의 지혜와 자신을 반
추하고 성찰하는 시간을 갖는다. 말하자면 문
학의 보편성을 수용하면서 독자성을 드러낸,
곧 창의력과 개성이 있는 글을 쓰고 싶다. 향
후 그래도 좀 독특한 나의 모습을 나만의 색깔
로 나다운 시 한 편을 쓰고 싶다. 이 일을 위
해 끊임없이 다가서리라.

무엇보다 중요한 것은 사물에 대한 관찰력이고
이것은 좋은 글을 쓰는 바탕이다. 예사로 지나
치지 않는 날카로운 시선이 평범한 일상에서도
새로운 글감을 얻는다. 같은 사물을 두고도 어
떤 시각, 어떤 관점으로 바라보느냐에 작품의
성패가 좌우된다. 꼬집어 말하면 뒤집어 보기

와 낯설게 보기가 한 방법이다. 또 작품을 쓰는 작가에 따라 문체나 내용도 크게 달라진다. 그 사람의 얼굴과 표정에서 정감이 가고 말씨에도 인정이 묻어나서 인간미가 넘치고 품격이 있는 사람이 있다. 이런 사람이 쓴 작품과 그렇지 못한 사람 간에는 작품도 당연히 다를 수밖에 없다. 마치 꽃이 그 꽃만이 갖는 독특한 향이 있고 음식에도 맛깔스런, 각기 다른 맛과 향이 있듯이 사람마다 다른 그 사람만의 향기가 작품에 우러나야 한다는 말이다. 굳이 말하자면 문학은 울림이 있어야 한다는 까닭이 여기에 있다.

울림, 곧 감동이 없는 시나 수필은 무미건조한 언어의 나열에 불과하다. 마치 향기 없는 꽃과 다를 바가 없다. 아무리 정제된 언어를 사용했더라도 독자에게 감명을 주지 못하는 글이라면 좋은 작품이 되지 못한다. 이 점이 문학은 문법이나 어법에 맞게 쓰는 언어 배열의 글이 아니기 때문이다. 무미건조한 글이 되지 않기 위해서는 반전과 긴장감이 있어야 한다. 문학 혹은 예술은 새로움을 찾아 모더니즘을 추구하는 것이다. 그러나 새로운 것만 추구하다보면 소통의 가능성이 차단되어 난해함 속에 시적 빈곤을 감추고 있는 것처럼 보일 수 있다. 그래서 시어는 금방 잡아 올린 펄떡펄떡 뛰는 생선 같은 것이라야 하고 시인은 환상과 현실 사이의 팽팽한 줄타기를 해야 한다. 환상에 기대면 애매하고 난해해진다. 현실에 집착하면 속이 다 드러난다. 경계에서 아슬아슬하게 넘나들어야 한다. 말하자면 연기자는 평이한 내용을 연출해서는 인기를 끌 수 없으며, 서커스단의 곡예사처럼 힘들어도 외줄 타기에 목숨을 건 아찔한 순간순간이 박수갈채를 받듯이 작품 속에 긴장감이 없어서는 흥미를 갖지 못한다. 내가 쓴 작품이 마치 이런 유형의 글은 아닌지 되돌아보게 된다.

3. 몇 작품 들여다보기- 존재가치 부여와 의미 확장

필자가 쓴 몇 작품을 무작위로 선정해서 그 작품이 갖는 내면세계에 대하여 존재 가치 부여와 의미를 모색해 보고자 한다. 언어생활에서 사물과 지시어, 그리고 개념을 풍요롭게 하는 것이 문학이다. 그 중에서도 특히 시어가 갖는 의미는 작가나 독자의 시각에 따라 그 의미를 달리 인식할 수 있다. 그럼에도 사람들은 사물과 지시어, 개념을 공감하고 받아들인다. 지구상에는 동일한 언어를 사용하는 민족끼리 랑그 (langue)와 빠롤(parole)의 관계를 화자와 청자는 제약 없이 받아들이기에 서로 불편 없이 생활하고 있다. 특히 시에서는 직관과 상징, 은유, 제유, 활유 등 당양한 수사법을 동원하여 일상의 언어와는 다른 그래서 자의적일 수밖에 없는 언어, 시어를 구사하기에 시인을 연금술사라고 하지 않던가. 이 때문에 작가들이 사용하는 어휘가 거기에 꼭 들어맞는 말[일물일어설]을 쓰면서도 의미를 확장해 나간다. 이것은 사물과 지시어 간에 쓰이는 사회 과학적 언어보다 문학적 언어가 유의어나 다의어적 기능으로 확대되어 사용되기도 한다. 이런 시각에서 특정한 어휘를 소재로 선정한 작품에서 시어의 부림에 대한 존재가치를 어떻게 부여하는지 살펴볼 일이다.

산수를 넘어선 세월에도 꼿꼿이 정갈하게 살아오셨네요.

깊이 물어 바른 생각을 실천하신 이해호 화백님은 불가

마 속 도자를 굽듯 여름날을, 그냥 있어도 흐르는 땀에

열정을 풀어 친수작 내리신 초상화는 나와 거리가 먼 호

남 이상형이네요 아내는 더욱 아니래요 그래도 난 좋아

서 또 쑥스러워 슬쩍 쳐다보다 눈길 머물면 노익장 온유

한 화신의 경륜이 묻어나고요 초상화처럼 닮게 살라하시

네요 치성으로 비셨던 울 엄니 기도가 담겨 있는 큰 어

른 큰 뜻 부처 같은. -손수여 〈초상화, 닮게 살라〉 전문

위의 시 〈초상화〉는 내용에서처럼 이해호 화백
께서 필자에게 그려주신 '초상화'에 대한 느낌
을 담은 시이다. 초상화는 그림이지 사진이 아
니다. 산수(傘壽)를 넘기신 연세에 그림을 그
려주시는 정성은 말할 것도 없고 부모님 같은
심정으로 실물보다 더 좋게 하려 애쓰신 마음
을 알고 있다. 그렇기에 시골에서 어릴 적 보
았던 어머니가 자식을 위해서 꼭두새벽이면 우
물가 장독대 제단에 정안수를 올려놓고 "치성
으로 비셨던 울 엄니 기도가 담겨 있는, 큰 어
른 큰 뜻"을 떠올린 것이다. 부처의 눈에 "부
처 같은" 혜안은 그냥 얻어지는 것이 아니다.
고행과 선업을 쌓고 비워야 사물을 대하는 지
혜로움이 제대로 보이는 것이다. 이해호 님은
대구(갈산동) 출신(1933)으로 졸저 『반추』
시집의 가장 좋은 독자이셨다. 우연한 기회에

그분의 수상집 『버려진 낟알을 찾아서』를 읽고 답례로 시집을 보내드렸더니 놀랍게도 당시 83세에 제 시집을 읽으시며 의문이 나는 곳을 표시하고 A4 용지 2매 분량으로 빽빽이 메모를 해 오셨는데, 두 시간가량 설명을 해 드렸더니 그 후 고마움의 뜻으로 초상화를 그려주셨다. 그런 연유(緣由)로 아내나 아들의 의견과는 상관없이 필자는 한영시집의 저자 인물사진으로 초상화를 사용했다. 그는 1994년 이순이 넘어 대학 평생교육원에서 회화를 수학하고 그 예술혼이 알려지게 되어 SBS 〈세상에 이런 일이〉 프로그램에 출현하시기도 했다. 우리말의 고유어와 민담에도 남다른 애착을 가지신 결과물이 『버려진 낟알을 찾아서』이다. 우리말 고유어에 대한 끊임없는 탐구심은 국립국어원에 질의와 건의를 보낸 회신 공문〔공공언어지원단 −550(2011.8.5)〕도 이를 입증한다. 곧 '박학 심문 신사 명변 독행(博學 審問 愼思 明辯 篤行)'을 생활화하신 분이시다. 최근에는 앞에 든 책의 다시 증보판을 내시고 자매편으로 『표준어와 경상도, 대구 말씨』 방언 속담 사자성어 사전까지 발간하신 선생님의

대단한 학구적 열정을 기리고 그 분과의 인연을 소중히 여겨 필자는 교열을 맡은 기쁨도 가졌다. 문학이 삶을 반영하는 부산물이라면 사람 사이의 관계에서 신의를 존중하고 공경하는 마음을 담아 앞머리에 먼저 소개하고 싶은 작품이 〈초상화〉이다. 어쩌면 나는 진실로 노인을 공경하고 그래서 힘없는 늙은이로부터 사랑을 받는 사람 내 물쎈나는 그런 시인이고 싶었다.

겨
울
나
무
잎새가 잠잠하여
안으로 숨겨둔 그 무엇이
꿈으로 엮어가는 소리일 뿐,

이 산 저 산 산새 소리에
나뭇잎 율동 따라
삶의 틈 사이를 썻어 낸
저 나무

아무 것도 걸칠 게 없는
꼬장꼬장한 저 나무
고로

청백리이다.

겨
울
나
무   – 손수여 〈나목〉 전문

〈나목〉은 한 해를 마감하는 계절의 순환 이치
를 드러낸 작품이다. 곧 비워서 아름다운 삶을
살아가는 구도자의 경지를 의인화한 것이다.
"겨울나무는 /잎새가 잠잠하여/ 안으로 숨겨둔
그 무엇이/ 꿈으로 엮어가는 소리일 뿐,"
사계 중 상대적으로 삶에 대한 동적인 봄 여름
가을이었다면 겨울은 상대적으로 정적인 계절
이다. 다 비워서 가진 게 없고 검소한 "아무것
도 걸칠 게 없는 /꼬장꼬장한 저 나무, 청백
리"인 것이다. 그저 채우려고 발버둥 치고 살
아가는 인간의 모습을, 겨울 내 비웠던 나목에
이입시켜 비유적으로 드러낸다. 그것은 엄동설
한의 인고를 겪고 피워낸 설중매, 홍매의 고결
한 모습을 꿈꾸기도 하고 움트고 나오는 노오
란 부리 같은 새싹이 자라서 녹음을 이루고 곱
게 채색되어 가는 형형색색의 절정을 보이다가

가는 일생을 경외롭게 그려본 것이다. 이 시의
자매편이 〈가을〉이다. 매달려 뽐내던 그 어느
날 갑자기 앞다투어 땅으로 내려앉는다. 그러
다가 지나가는 바람 따라 포올 폴 날리다가 뒹
굴어가는 모습에서 인생을 반추해 본다. 천당
에서 지옥을 오가는 피할 수 없는 운명 같기도
하다. "고까옷 입었다 가는 철이/ 나부끼다 갈
이파리 파문을 일며"는 나뭇잎이 고운 단풍으
로 채색되어 자태를 한껏 뽐내다가 낙엽이 되
어 땅바닥으로 떨어지면서이고 뒹구는 모습을
드러낸 의태어 '포올 폴'이기도 하다. 다 벗고
내려놓고 가는 완숙한 이 계절이 곧 가을
(fall)이다. 〈나목〉은 작품 자체의 구성, 행과
연이 모여서 나무 형태를 드러내고자 했다. 겨
울나무가 잎이 모두 떨어지고 추위를 견뎌내고
자 자신을 움츠린 모습, 가지조차 줄여서 몸통
만으로 선 모습을 시각화 한 것이다.

경상도 애주가는
절친 끼리 앉으면
'야. 이, 짜석아야'
그리고는 하는 말
온통 섬타령이다

'잔 도'

'따라 도
'비워 도
'채워 도' - 손수여 〈섬타령〉 전문

삶 속에는 아이러니한 일이 수 없이 일어나듯
언어도 수많은 공동체가 생활하는 데 꼭 같은
수준의 어휘로만 통용되지 않는다. 여기에는
여러 계층이 쓰는 다양한 언어들, 방언이나 속
어, 은어 등이 그것이다. 이러한 언어생활의
한 단면을 놓치지 않고 포착하여 쓴 시가 바로
앞서 보여준 〈섬타령〉이다. 무엇을 주고받는
거래를 나타내는 말의 '주다, 줘요'에 해당하는
대구 경북지역 말씨에는 '다오'가 있고 이 말이
축약이 된 것이 '도'이다.
보편적인 언어 즉 표준어에서는 '잔 다오, (술
을) 따라(부어) 다오, (술잔을)비워 다오, 채
워 다오'이지만 언어의 노력 경제현상으로 '잔
도, 따라 도, 비워 도, 채워 도'가 일상어이다.
여기서 한 가지 주목할 일은 언어부정회귀처럼
동음이의어를 둔 말이 '도'이다. 이 '도'는 고유
어로서 한자어가 아니라는 사실을 알면서도 화
자는 의도적으로 '섬 도(島)'로 읽은 셈이다.
일종의 언어유희(言語遊戲)이지만 동음이의어
와 다의적 측면에서 보면 의미의 확장이며, 때

로는 같은 부류의 사람들끼리 주고받는 우정의
술잔에서 언어생활의 재치와 흥미를 보여주기
도 한다.

솔바람 소리 흘러
달빛 젖은 반월성

죽로 향기 그윽한
십 리 길 꽃비는 내리고

돌종〔石鐘〕*이 깨어나서
천 년 향기 새롭다. —손수여 〈천년의 숨결- 반월성〉 전문

위의 시 〈천년의 숨결-반월성〉은 신라 980년
곧 일천 년의 고도(古都) 동경이었던 반월성은
옛 궁성으로 신라의 상징이다. 이 성은 모양이
반달 같다 하여 반월성(半月城)· 신월성(新月
城)이라고도 하며, 성안이 넓고 자연경관이 좋
아 궁성으로서의 좋은 입지조건을 갖추고 있다.
한번 떠난 것은 다시 돌아와도 그 빛은 아니
다. 이미 떠난 것은 그리움이요, 그리운 빛깔
속의 유리벽화 같은 것, 그것을 찾는 이유는
이 세상에 존재하는 것치고 변하지 않는 것은
아무 것도 없다. 그리고 그 변화는 새로움, 혁
신을 요구하기 때문이다.

시인은 바로 이런 역사의 성지(聖地)가 고향이요, 어린 시절을 조부로부터 익히 들었던 선조들의 가풍과 정신을 내리받아 사십 년을 훌쩍 넘어 찾은 옛 성곽을 거닐며 조상을 경모하는 마음을 여섯 줄로 함축한 시이다. 무생물인 "돌종"에 생명을 부여해서 의인화 하고 "돌종이 깨어나서" 어진 선조님 지혜의 향기가 "천년에 새롭다"고 했다. 시인은 시대적 소명감과 후손으로서 '온고지신(溫故知新)'을 담아낸 것이 이 시의 요체이다.

『삼국사기』에 의하면 101년(파사왕 22)에 쌓은 것으로 둘레는 1,423보(步)라고 되어 있다. 이 기록으로 미루어볼 때 궁성으로 월성을 쌓은 뒤 금성(金城)에서 이곳으로 도성을 옮겼음을 짐작할 수 있다. 이 성은 신라 역대 왕들의 궁성이 되었으며 나라가 부강해짐에 따라 부근 일대가 편입되기도 하였는데, 특히 문무왕 때 안압지(雁鴨池)·임해전(臨海殿)·첨성대 일대가 편입, 확장되는 등 신라의 중심지였다.

이 시의 핵심어는 '돌종'이며, 시인의 중시조이었던 효자공 손순은 신라 제42대 흥덕왕(826

~835) 때 사람으로 "손순매아 돌종 설화"에서 비롯된 것으로 『삼국유사』 권5 효선편(孝善篇) 손순매아조 등의 문헌설화로도 전한다.

손순은 아버지가 돌아가신 뒤 품팔이로 어머니를 봉양하였다. 아들이 어머니의 밥을 빼앗아 먹으므로, 부부가 의논하여 자식을 파묻기로 결정했다. 아이를 묻기 위해 취산(醉山) 북쪽으로 데리고 가서 땅을 파니 석종이 나왔는데 이곳이 완호평(完乎坪)이다. 부부가 놀라고 기이하게 여겨 아이를 묻지 않고 그냥 되돌아왔다. 종을 대들보에 달고 치니 그 소리가 대궐에까지 들렸다. 왕이 이 아름다운 종소리의 근원을 알아 오게 하자 사자가 그 집에 와서 살펴보고 사실대로 고했다. 왕은 부부의 효행을 가상히 여기고 집과 식량을 주었다. 훗날 손순은 자신이 묵은 집을 절을 짓는 데에 기부하여 홍효사(弘孝寺)라 하였고, 석종을 그 절에 안치했다고 전한다.

봉긋한 하얀 얼굴

덜 피어 더 예쁜 꽃

순박한 너

장미보다 더 곱다

꺾어 피운 꽃 마흔 해

여전히

지금도 반한 그 꽃 - 손수여 〈백목련 1〉 전문

보내지 않았어도 가버린 너,
울컥울컥 토해내는 속살
꽃물이 질펀하다.
얼굴 가득 환히 웃고 있어도
눈물이 꽃이란 걸 몰랐고
향기도 있다는 걸 몰랐던 나,
꽃 진 그 자리 그리움 돋아
씨앗 야물게 영그는 걸 어쩌나
바싹 마른 눈물 꽃
한 다발 끌어안은
날아온 나비,
어머니 환생인가 봐.
꽃잎 대신
서러운 내가 네게로 간다. - 손수여 〈눈물꽃〉 전문

위의 두 편은 가족을 그린 시이다. 그 소재는
'꽃'이지만 피어나는 꽃과 지는 꽃을 대비시킨
것이다. 거주하는 동네 도서관 앞뜰에 이른 봄
봉긋 맺힌 하얀 목련에서 〈백목련〉은 젊은 시

절 시집 온 아내를 떠올린 시이며, 아래 〈눈물꽃〉은 4형제 중 셋째, 50대 초반에 먼저 떠난 아우에 대한 서러움과 그리움을 담았다. 여기에는 앞서 살펴본 〈천년의 숨결〉과 〈사모곡〉, 〈백목련〉, 〈눈물꽃〉 등의 원관념은 역시 선대 조상과 어머니, 가족을 그 중심에 두고 '꽃(백목련, 눈물꽃), 생선, 돌종' 등은 보조관념으로 은유와 영탄, 상징과 활유 등 수사기법을 적절히 동원하여 의인화한 작품이다. 객체 곧 사물에 대한 존재 가치를 부여한 것이다. 앞서 몇 편을 일견해 보았지만 아주 특별한 것에서 얻은 것은 아무 것도 없다. 다시 말하면 일상 속에서 건져 올린 다소 차별화 된 사유에서 비롯된 것이다. 〈백목련〉에서 '꺾어 피운 꽃 마흔 해'는 꿈 많던 소녀, 청춘을 한 남자에 의해 일생이 달라질 수 있는 선택을 의미하며, '꺾어 피운 꽃'은 마치 한 원예사에 의한 분재처럼 달라진 모습을 상기시킨 것이다. 이를테면 가족을 위하여 희생해 온 세월에서 주름살이 늘어가는 아내의 모습이 처량하고 안쓰럽고 새삼 고맙게 느껴지는 시인의 고백이다. 그런 켜켜이 쌓인 나이테, 새 가지가 40년 된 지금은 두 아들이 장성하여 각각 형제와 남매, 곧 손자 셋에 손녀 하나를 둔 할머니의 회갑년을 넘어 완숙한 인생을 넌지시 암시한 시이다.

작가들 중에 더러는 그렇듯이 필자에게도 좋은
독자는 가족이다. 으뜸 독자는 아내이고 멘토
(mentor)는 아들이다. 아내는 스피드(speed)
시대에 장시, 산문시보다 짧은 시가 눈에 띄고
읽기에 편하다고 한다. 이 말에는 함축성 있게
쓰라는 것이 내포된 말이다. 아들은 아버지의
이야기를 쓰면 좋겠다고 한다. 둘 다 참 좋은
주문인 줄 알면서도 그렇게 하지 못한다. 쉽지
않기 때문이다. 그것은 망칠을 앞두고 있지만
가족에게 배불리기 위한 일로 많은 날을 그냥
살아왔기에 감명 깊게 다룰만한 소재는 제한적
이고 글 전체 구성이 자신과 가족에게 한정된
글이라면 자칫 문학성을 떠난 자서전 같은 글
이 될 소지가 높다는 생각을 했다. 그동안 삶
이 외골수인 나 중심으로 살아온 아비에게 오
히려 독특한 모습의 '자서전적 고백'을 요구하
는 지도 모를 일이다. 설령 그렇더라도 나는
더 많은 습작의 과정을 거쳐 신선한 재료와 기
술로 산수(傘壽) 쯤에나 고려해 볼 생각이다.

* 지면 관계로 참고 문헌은 생략함.

손수여 약력

문학박사. 「문학공간」. 계간 「시세계」 「한국시학」 신인문학상(제1호) 등단. (사)한국육필문예보존회 계간 「문예춘추」 〈21세기 문학세계화추진위원회〉 선정 쟝 폴 사르트르 문학상 대상(2010).

제13회 「국제P.E.N 대구아카데미문학상」(2014). 제8회 「국보문학」 문학상 대상(2014). 현대문학100주년 기념 제7회 순수문학 작가상(2015). 현대문학 100주년 기념사 업회 제3회 육당 최남선 문학상(대상 2016) 등 수상.

법무부장관(1996), 부총리 겸 교육부장관(2006, 2014), 통일부 장관 표창(2011) 등 수상.

한국문인협 문학사료발굴 위원(제24, 25대). 모국어가꾸기 위원(제26대).대구문협 제12대 부회장. 국제P.E.N 한국본 부 이사. 대구P.E.N 수석부회장. 죽순문학회, 한국현대시협, 한국시학 등 이사. 국보문학 편집고문. 한글문학 자문위원. 영남문학 편집기획위원. 도동문학 감사.

대구공업대, 대구미래대, 계명대, 부산대 등 외래교수 및 대 구대 교수 역임. 시집 : 「내 아내는 홍어다」, 「옷기돌 같은 그 여자」,「반추」.「마음이 머무는 숲 그 향기」(한.영판). 「숨 결, 그 자취를 찾아서」 등. 학술서 : 「국어어휘론 연구방법」. 「현대국어 색상어의 형태. 의미론적 연구」, 「우리말 연구(공 저)」 등 8종 외.

‖ 시인의 마을 시인선 33 ‖

숨결, 그 자취를 찾아서

2018년 10월 10일 1판 1쇄 인쇄
2018년 10월 15일 1판 1쇄 발행

지 은 이 손 수 여
펴 낸 이 심 혁 창
편집위원 이영규 원응순 김봉겸
마 케 팅 정 기 영

펴 낸 곳 **도서출판 한글**
4116 서울특별시 마포구 신촌로 270(아현동)
　　수창빌딩 903호
☎ 02-363-0301 / FAX 362-8635
E-mail : simsazang@hanmail.net
창　　업 1980. 2 .20
이전신고 제2018-000182

파본은 교환해 드립니다
정가 10,000원

ISBN 97889-7073-554-2-03130

○ 이 시집은 도서출판 한글에서 기획 공모한
〈시인의 마을 시인선 2018 우수 작품집〉입니다.

이 도서의 국립중앙도서관 출판예정도서목록(CIP)은 서지정보 유
통시스템 홈페이지(http://seoji.nl.go.kr)와 국가자료공동목록시
스팀(http://www.nl.go.kr/kolisnet)에서 이용할 수 있습니다.
(CIP제어번호:20180306647)

도서출판 한글 시인의 마을 시인선